AF339834

LE SECRET

DE

LA RÉPUBLIQUE

PAR

ALEXIS DE BRAIS

> BASILE, *bas.* — Je venais pour vous dire que le comte est déménagé.
>
> BARTHOLO, *bas.* — Je le sais, taisez-vous.
>
> BASILE, *bas.* — Qui vous l'a dit ?
>
> BARTHOLO, *bas.* — Lui, apparemment !
>
> LE COMTE, *bas.* — Moi, sans doute : écoutez seulement.
>
> ROSINE, *bas à Basile.* — Est-il si difficile de vous taire ?
>
> FIGARO, *bas à Basile.* — Hum ! Grand escogriffe ! Il est sourd !
>
> BASILE, *à part.* — Qui diable est-ce donc qu'on trompe ici ?
>
> BEAUMARCHAIS.

Prix : Un Franc

PARIS

VICTOR PALMÉ, LIBRAIRE-ÉDITEUR

25, rue de Grenelle-Saint-Germain.

1873

LE SECRET

DE

LA RÉPUBLIQUE

IMPRIMERIE EUGÉNE HEUTTE ET Cᵉ A SAINT-GERMAIN.

LE SECRET

DE

LA RÉPUBLIQUE

PAR

ALEXIS DE BRAIS

> BASILE, *bas.* — Je venais pour vous dire que le comte est déménagé.
>
> BARTHOLO, *bas.* — Je le sais, taisez-vous.
>
> BASILE, *bas.* — Qui vous l'a dit ?
>
> BARTHOLO, *bas.* — Lui, apparemment !
>
> LE COMTE, *bas.* — Moi, sans doute : écoutez seulement.
>
> ROSINE, *bas à Basile.* — Est-il si difficile de vous taire ?
>
> FIGARO, *bas à Basile.* — Hum ! Grand escogriffe ! Il est sourd !
>
> BASILE, *à part.* — Qui diable est-ce donc qu'on trompe ici ?
>
> BEAUMARCHAIS.

PARIS

VICTOR PALMÉ, LIBRAIRE-ÉDITEUR

25, rue de Grenelle-Saint-Germain.

1873

LE SECRET

DE

LA RÉPUBLIQUE

I.

Ceux qui ont eu la rare fortune de conserver intacts, au milieu du chaos d'erreurs qui nous environne, leur jugement et leur sens moral, ne peuvent pas, sans ressentir une profonde tristesse, reporter leurs regards vers la série de désordres qui constitue ce que l'on a si justement appelé la *Révolution* française. Heureusement impuissant vis-à-vis du progrès matériel qui, par un exceptionnel privilége, a pu continuer sa marche bienfaisante, cet enchaînement inouï de cataclysmes a été pour l'homme, à chacune de ses phases, une *révolte* contre le mouvement régulier des idées, un *retour* vers un odieux passé, un écueil où sont venus successivement se briser et s'émietter les courants à la fois conservateurs et progressifs qui naissent spontanément au sein de toute réunion d'êtres humains.

Il est cependant nécessaire de se résigner à cette étude, non pour le douloureux plaisir de faire entendre de stériles récriminations, mais pour éclairer de quelques lueurs les bords de l'abîme où nous précipite l'insouciance affolée de la génération présente. Il est du plus patriotique intérêt de suivre pas à pas les défections successives qui ont incessamment renforcé les assaillants et décimé les défenseurs de l'antique société française, et de mesurer l'espoir qui nous reste de préserver d'une ruine complète nos institutions les plus vitales.

II.

Comme le but que poursuit opiniâtrément la Révolution est la destruction de la société, c'est le lien social dans ses fibres les plus intimes qu'elle s'efforça de trancher dès sa première explosion. Le christianisme avait rendu l'homme éminemment sociable en lui inspirant de fortes croyances religieuses, en l'invitant au respect des pouvoirs temporels et en lui prescrivant le renoncement à son intérêt personnel par le développement du sentiment du *devoir* envers ses frères. Les apôtres des idées nouvelles prêchèrent la négation de Dieu, le mépris de toutes les souverainetés et l'exagération de l'égoïsme par la revendication des *droits* de l'homme. Tel fut le caractère typique de la révolution qui, partie des manifestations peut-être sincères, mais trop théâtrales, de 1789, conduisit la France, à travers les honteux et sanglants événements de 1792-94, au plus dégradant despotisme sous lequel une nation se soit jamais courbée.

III.

On se rend difficilement compte du degré d'avilissement auquel descendirent ces Brutus naguère si farouches et si incorruptibles, trop heureux maintenant de mendier les faveurs du Maître qui résumait toute la liberté au nom de laquelle ils avaient sacrifié tant d'hécatombes. Il est cependant juste de reconnaître que leurs vœux furent comblés sur un point. A défaut de la *Liberté*, qui tendait les mains de si bonne grâce aux chaînes dorées, de la *Fraternité*, que le canon tenait à distance, ils avaient du moins conquis l'*Égalité....* l'*égalité* devant la servitude.

Il y eut au reste de leur part une habileté peut-être involontaire, mais incontestable, dans leur acceptation empressée du nouvel ordre de choses. En scellant l'abdication de la République au profit de Napoléon Bonaparte, ils servaient encore la Révolution en même temps qu'ils gorgeaient leurs appétits. Ils introduisaient, en effet, dans la défense des intérêts sociaux, un dualisme qui devait être funeste à la cause de l'ordre. Ce fut la première scission qui vint fractionner l'élément conservateur, et déposer dans son triomphe même le germe de son affaiblissement et de sa défaite.

Le progrès social n'eut naturellement rien à voir dans cette épopée du militarisme brutal qui disparut un jour au milieu de la poussière d'une bataille, laissant la France appauvrie, épuisée, foulée au pied de l'Europe, dont chaque peuple avait une injure nationale à venger.

IV.

Notre malheureuse patrie allait-elle enfin retrouver un peu de repos et renouer, sous sa dynastie royale restaurée, la tradition des réformes si violemment étouffées dans le sang et la boue de 1793 ? Les révolutionnaires ne lui en laissèrent pas longtemps l'espoir. Déconcertés un moment par la violence de la tourmente qu'ils avaient déchaînée sur leur pays, ils se remirent bientôt à l'œuvre. Ils avaient d'ailleurs de nouveaux alliés.

On ne touche pas impunément aux grandes institutions qui ont présidé si longtemps aux destinées d'une nation. En acceptant l'Empire avec le transport du naufragé dont la main éperdue saisit la première planche qu'il rencontre, les sauveurs de l'ordre matériel avaient appelé sur le trône un homme qui entendait faire souche, et dont les héritiers devaient réclamer la couronne comme le prix des services rendus à la France par le chef de leur race. Leurs partisans, humiliés et froissés par le retour d'une famille royale qu'ils s'étaient habitués à regarder comme déchue du consentement national qui faisait son droit, ne virent pas sans une joie secrète les attaques qui secouaient ce trône à peine rétabli, et ils s'y associèrent énergiquement.

Ce fut le premier succès que la Révolution sut trouver au milieu de son impuissance, et l'on vit bientôt les proscripteurs de Brumaire, enrôlés sous le même drapeau, recevoir docilement le mot d'ordre des mitraillés de Vendémiaire.

En vain, pendant quinze ans, la Restauration fit marcher la France à grand pas dans la carrière de la liberté légale ; vainement elle fit appel au dévouement des hommes les plus illustres par leur modération, leur esprit de justice, leur libéralisme et leur honnêteté ; vainement elle favorisa l'expansion de la prospérité commerciale et s'efforça d'éteindre dans l'oubli tous les anciens ressentiments. Elle dut incessamment lutter, pendant ces quinze années, contre la coalition révolutionnaire et bonapartiste. Une dernière scission dans les rangs des conservateurs, provoquée par l'ambition malheureuse d'une branche de la famille royale, brisa définitivement ses résistances, et, en août 1830, pendant que l'héritier de nos rois s'embarquait à Cherbourg pour l'exil, la dignité royale, en violation du pacte national, était confiée *à perpétuité* à la dynastie d'Orléans.

V.

De même qu'en 1804, les révolutionnaires avaient compris que la France n'était pas encore mûre pour la République. Les excès qui avaient souillé son berceau étaient encore trop récents pour que cette génération ne la retrouvât pas dans les souvenirs de son enfance comme un hideux objet d'horreur. Il fallait donc céder encore devant ce légitime sentiment de répulsion. Ils le comprirent, et surent mettre un frein à l'ardeur de leurs espérances, dont ils n'ajournèrent d'ailleurs la réalisation que pour la rendre plus facile et plus sûre. Un nouveau morcellement venait de se produire parmi leurs adversaires. Trois fractions distinctes et rivales, les légitimistes, les bonapartistes et les orléanistes, énervaient désormais le grand parti monarchique et le mettaient à la merci des républicains qui, de leur côté, fidèles à leur adroite tactique, serraient leurs rangs et dissimulaient leurs divisions.

Il ne rentre pas dans notre cadre de rappeler l'histoire de la monarchie de Juillet. Son gouvernement fut souvent habile et toujours modéré. La France vécut pendant ces dix-huit ans au sein d'un calme trompeur, s'abusant sur la valeur d'institutions factices qui ne s'appuyaient sur aucune base sérieuse et qui devaient s'effondrer par la conscience intime de leur imperfection native plutôt que par le choc de *passions aveugles ou ennemies*.

VI.

L'émeute de février 1848 renversa ce qu'avait fondé l'insurrection de Juillet 1830, et, dans l'état d'éparpillement et de compétition des partis monarchiques, l'établissement républicain n'eût certes pas rencontré d'obstacle, s'il n'avait eu à compter avec un élément nouveau qui venait de prendre sa place sur le terrain politique.

Entraînés par la logique et cédant à l'extension de leurs principes, les républicains de 1848 commirent une faute grave, qu'ils devaient expier par une halte de vingt ans dans la voie qui un instant avait paru leur être ouverte.

Jusqu'alors la direction des affaires publiques n'avait appartenu qu'à une sorte d'aristocratie électorale, dans laquelle les intérêts conservateurs se neutralisaient suffisamment pour que les doctrines nouvelles eussent le pouvoir d'affirmer sans conteste leur toute-puissance. Mais l'apparition du suffrage universel sur la scène politique vint déplacer le terrain de la lutte et dérouter toutes les prévisions. En entrant dans l'arène, cette multitude qu'une loi récente appelait au vote y accourut avec son

inexpérience des débuts politiques et sociaux. Conservatrice par instinct, hostile à des théories qu'on n'avait
pas pris la peine de lui expliquer, elle affirma brutalement son aversion pour les sectaires qui prétendaient
réformer la société. A des desseins qu'elle jugeait désordonnés, elle répondit par l'acclamation de l'absolutisme
césarien, et se jeta tête baissée dans le despotisme pour
échapper à l'anarchie.

VII.

C'était toute une éducation à refaire, et les vingt
années du gouvernement impérial n'y ont pas suffi. Ce
n'était point une facile besogne que de faire pénétrer
dans ces couches profondes, dans ces intelligences paresseuses et peu cultivées, les passions dynastiques et les
démêlés byzantins qui désunissent les classes éclairées.
Mais nous devons rendre à la Révolution la justice qui
lui est due. Si elle s'est trompée un instant, elle n'a pas
tardé à se remettre à l'œuvre, réparant avec intelligence son erreur d'un jour, et l'*Association internationale des travailleurs* est venue mettre entre ses
mains un levier de démoralisation dont l'effet lui paraît
aussi prochain qu'immanquable.

On sait ce qu'est cette fameuse *Association internationale*. Mélange incohérent d'utopies mal ordonnées, mais admirablement adaptées au niveau intellectuel des classes laborieuses, c'est tout un horizon, aussi vague qu'éblouissant, de promesses irréalisables; c'est un Eldorado séduisant dont on n'aperçoit que le mirage et dont on n'essayera jamais d'approcher, car l'accomplissement de ce rêve serait terrible pour ses adeptes. Ce serait, on l'a dit, un monastère sans la prière, une renaissance de l'esclavage antique sans espoir d'affranchissement.

Mais peu importe à ses auteurs, que l'on calomnie peut-être en leur prêtant des convictions trop étranges pour abuser des esprits éclairés. Il leur suffit de posséder ce puissant moyen d'action sur la crédulité des masses. C'est un adroit correctif du suffrage universel, dont ils disposeraient désormais en maîtres, si la diffusion toujours plus large des lumières n'était destinée, dans un avenir prochain, à ouvrir les yeux du peuple sur ses vrais intérêts.

VIII.

Il y aurait beaucoup à dire sur la question à l'ordre du jour de l'instruction populaire. Le programme révolutionnaire exige qu'elle soit gratuite, obligatoire et laïque. Fixons avant tout la valeur des termes, et constatons qu'ici le mot *laïque* est synonyme *d'athée*, sans quoi il ne signifierait rien.

L'idée de supprimer Dieu est à coup sûr très-hardie. Voltaire lui-même ne l'osait pas, lui qui s'est écrié dans un éclair de bon sens (il en eut quelques-uns) :

Si Dieu n'existait pas, il faudrait l'inventer.

Mais ses élèves sont autrement forts que lui; ils sont surtout meilleurs logiciens. Supprimer Dieu, n'est-ce pas en effet supprimer la sanction et par suite la notion du bon, du vrai, du juste ? N'est-ce pas supprimer aussi du même coup l'esprit de résignation, de sacrifice, de devoir, toutes choses qui gênent fort les révolutionnaires ?

A la vérité cette suppression de Dieu ne laisse pas que d'être fort embarrassante et de paraître même quelque peu dangereuse aux timides du parti. Mais nous savons comment ils ont imaginé de combler le vide qu'elle produit. A mesure que la croyance en Dieu diminue, ils augmentent l'effectif de la gendarmerie. On a déjà porté à trente mille le nombre de ces utiles défenseurs de la propriété; des projets sont à l'étude pour en entretenir cinquante mille, et l'on ne s'arrêtera sans doute pas en si beau chemin. L'idéal de cette école est évidemment d'attacher à la personne de chaque citoyen deux gendarmes spécialement chargés de lui inspirer le respect du bien d'autrui.

Il est donc fort rationnel que les révolutionnaires souhaitent passionnément que l'instruction soit désormais *laïque*, et que les conservateurs, peu jaloux de rétro-

grader de dix-huit cents ans, se refusent énergiquement à la dépouiller de l'empreinte civilisatrice du christianisme. Mais nous nous expliquerions moins aisément
la froideur de ceux-ci et l'ardeur des premiers pour la
gratuité et *l'obligation* de l'instruction. Penserait-on
par hasard que le peuple, s'il est plus instruit, croira
plus facilement aux folies qu'on lui prêche aujourd'hui
et qu'il se laissera plus aisément duper par les Cicérons
de cours d'assises en quête de députation, ou par les coqs
de village qui briguent un siége au conseil municipal ?
Cette supposition nous paraît entièrement inadmissible,
et nous aimons à croire que si des préventions ont existé
chez quelques conservateurs à cet endroit, ceux-ci fini-
ront par se convaincre qu'elles ne sont nullement fon-
dées. Dans ce cas encore la Révolution fait fausse route,
et cette erreur lui sera peut-être cette fois irrémédia-
blement funeste. Instruire les populations, les éclairer,
ce n'est pas travailler à les abuser ni à les corrompre,
c'est au contraire obéir à la loi du Christ, qui a dit à ses
disciples : *Allez, et enseignez toutes les nations.*

IX.

Comme son aîné, le second Empire est tombé au milieu des horreurs d'une guerre terrible, et, comme lui
aussi, il a entraîné la France dans sa chute, la laissant

encore plus meurtrie, plus humiliée et plus déchue. Pour sceller d'une dernière et suprême infortune tant de désastres accumulés sur nos têtes en si peu de temps, nous avons dû subir pendant cinq longs mois l'opprobre d'un gouvernement d'aventure. Tandis que les adversaires politiques les plus opposés, noblement confondus dans les rangs des défenseurs de notre sol envahi, tombaient côte à côte sous les balles prussiennes, quelques républicains, faméliques de pouvoir, escaladaient les marches de l'Hôtel-de-Ville de Paris sur les épaules d'une populace digne des plus beaux jours de 1793, de 1830 et de 1848, et se livraient à l'ignoble curée de leur pays terrassé par l'adversité.

Cette rupture de la trêve politique imposée par le patriotisme, en face de l'ennemi vainqueur, fut aussi coupable qu'inepte. Elle ranima nos discordes civiles un moment oubliées dans le péril commun, rompit le faisceau national qu'on espérait opposer à l'invasion, et porta le dernier coup à nos efforts désespérés de résistance.

Certes, l'Empire avait fait son temps, et la désunion des royalistes ne permettait pas plus alors qu'aujourd'hui de songer à le remplacer par un gouvernement monarchique. Mais, pour l'honneur du nom français, nous n'eussions pas voulu qu'un si indigne spectacle eût été donné au monde. Pour tout homme de cœur, le 4 septembre 1870 restera une date néfaste et maudite.

X.

Ce gouvernement du 4 septembre fut un étrange bouquet des fleurs révolutionnaires les mieux venues sur notre pauvre sol labouré par les passions subversives. Cette gerbe, dont le hasard, l'ambition et la camaraderie furent le lien, se formait des nuances les plus disparates d'une même couleur. Trochu y tempérait Rochefort, et Gambetta y corsait Picard. En somme, cet assemblage était peu harmonieux.

Nous n'essayerons pas de décrire la phase lamentable de notre histoire qui s'écoula du 4 septembre 1870 au 8 février 1871. Ce lugubre et amer récit appelle la plume d'un Tacite ou la verve d'un Aristophane. La défaite fut le moindre de nos malheurs, et ceux qui se trouvaient alors sur nos frontières rétrécies ne furent pas les plus infortunés : s'ils affrontèrent la souffrance et la mort, ils ne furent pas témoins des hontes intérieures.

XI.

Rendue à elle-même par l'élection de l'Assemblée nationale, la France put enfin respirer, après avoir signé l'écrasant traité de paix que lui imposaient sa mauvaise fortune et, disons-le aussi, son oubli de toutes les lois qui maintiennent les peuples prospères et heureux. Deux provinces et cinq milliards ont acquitté cette traite tirée par l'Empire et endossée par la République. Certes, c'est un douloureux châtiment, un avertissement bien rude, et d'autant plus navrant qu'il frappe un peuple sourd et une génération aveugle.

Nous n'en sommes plus à compter les éclairs précurseurs de l'orage qui nous menace. La Providence pourrait nous les épargner, car nos yeux et nos intelligences sont fermés. Pour le petit nombre, qui croit que les destinées humaines ne sont pas entièrement livrées au hasard et que les effets ont leurs causes, la Commune n'avait pas besoin de promener dans Paris ses fureurs sanglantes et stupides, et à la masse insouciante toutes ces ruines accumulées, tout ce sang répandu ne disent rien... Mais n'accusons pas la Providence, et déplorons au contraire notre incurable cécité.

XII.

L'Assemblée nationale, réunie à Bordeaux d'abord, puis à Versailles, a offert un étrange spectacle. Reflet fidèle et représentation exacte de la nation, elle est composée en majorité de royalistes divisés par leurs souvenirs, leurs regrets, leurs espérances, leurs terreurs, leurs affections et leurs rancunes. A côté d'eux son

aussi venus s'asseoir, beaucoup trop nombreux, les auteurs, les complices et les approbateurs du coup d'État
du 4 septembre. C'est une rude humiliation pour la
France de voir ces hommes qui, pendant cinq mois et
au milieu de la plus épouvantable crise que puisse subir
un pays, ont jeté le plus audacieux défi au suffrage
universel, portés par le suffrage universel dans les
rangs des représentants du peuple. Sans l'aberration
inouïe, sans l'absence complète de sens politique à laquelle est en proie une partie du corps électoral, cette
couche révolutionnaire aurait disparu, et c'eût été justice, devant l'indignation de la conscience publique.

Pendant que la majorité, honnête et quelque peu
naïve, trébuche à chaque pas sur les obstacles que lui
dressent les diverses fractions qui la composent, pendant qu'elle se préoccupe avant tout des questions de
détail qui la scindent, la minorité, plus habile et plus
pratique, a pour unique souci la recherche des points
communs qui rallient les éléments fort hétérogènes dont
elle est formée. Ces points communs consistent surtout
en un mot — *la République* — et la République sans
phrases et sans épithète, car ici les sous-entendus sont
de rigueur, et trop de clarté serait nuisible.

Étant donnée la composition de l'Assemblée, il n'eût
point été surprenant, il eût été même fort naturel de la
voir déclarer que la France revenait à la monarchie
héréditaire et constitutionnelle, et qu'en attendant
qu'on eût trouvé une transaction entre les divers partis

monarchiques, une délégation parlementaire exerce-
rait le pouvoir exécutif. Monarchie en principe, République provisoirement et par nécessité, tel semblait devoir être le mot de la situation.

C'est tout juste le contraire que nous avons. On s'est
empressé d'inscrire le mot de — République — au fron-
ton de la constitution embryonnaire qui nous régit, et
on a confié le pouvoir suprême à une sorte de petit
monarque bourgeois qui, en attendant que nous soyons
suffisamment imbibés de l'esprit républicain, use avec la
plus grande désinvolture de son petit pouvoir personnel vis-à-vis de l'Assemblée légalement souveraine, et
reçoit sans sourire les ovations que le peuple français
lui prodigue avec la même impartialité qu'à l'égard de
Napoléon III, de Cavaignac, de Lamartine, de Louis-
Philippe Ier et de tous leurs augustes prédécesseurs.

XIII.

Mais cela ne peut pas toujours durer, et quoique notre situation actuelle soit l'expression parfaitement juste
de notre inconséquence nationale, il est assez difficile
de croire à l'immutabilité de notre état politique et social. On peut donc affirmer sans témérité que nous mar-
chons, sans qu'on puisse très-nettement distinguer vers
quel port se dirige la barque assez désemparée qui porte
notre fortune.

Si nous consultons sur ce point l'opinion publique, elle nous répond avec conviction que nous allons droit à la République définitive et, nous l'avouons, nous partageons en ceci, sous certaines réserves, l'avis de tout le monde.

Il nous paraît en effet impossible d'en contester la preuve matérielle fournie par le résultat des scrutins successifs qui ont eu lieu en France depuis deux ans. Tandis que le plébiscite de mai 1870 se traduisait par une manifestation peut-être peu intelligente, mais éclatante et indiscutable, dans le sens conservateur, les élections municipales du mois d'août de la même année ont révélé des tendances beaucoup plus libérales (nous prenons bien entendu ce mot dans son acception usuelle). Malgré le scandaleux ensemble d'impuissance et d'incapacité présenté pendant cinq mois par la dictature républicaine imposée à la France le 4 septembre 1870, le vote du 8 février 1871 n'a amené à Bordeaux qu'une simple majorité monarchique, flanquée d'un gros bataillon de partisans de la République. Enfin, si l'on juge du mouvement des esprits depuis cette époque par le renouvellement des conseils municipaux et départementaux et par les élections partielles à l'Assemblée nationale, on ne pourra guère se dissimuler les progrès rapides que font parmi nous les aspirations républicaines.

Voilà un fait qui ne nous semble pas contestable, et nous ajouterons que si l'on veut bien réfléchir quelque peu aux causes de cette disposition de l'esprit public qui paraît au premier abord bien étrange, on reconnaîtra qu'elle est extrêmement logique.

XIV.

Depuis que le suffrage universel a élargi d'une façon si radicale la surface du terrain électoral, le pouvoir politique appartient à des masses qui n'ont qu'une connaissance très-vague et très-confuse des affaires publiques qu'elles sont cependant appelées à diriger souverainement. Ignorantes et novices, privées du temps et des moyens d'approfondir les questions si graves et si abstraites dont la solution leur est uniquement réservée, elles ne sont frappées que des côtés saillants qui tout d'abord se présentent à leurs yeux. Sollicitées par des partis dont elles ne comprennent ni les préventions ni les tendances, dont le langage leur est suspect et vis-à-vis desquels leur défiance est constamment en éveil, elles sont portées par un penchant très-naturel à se laisser entraîner par les apparences et par l'aspect extérieur que leur offrent les diverses fractions dont se compose l'opinion publique.

Or, si nous nous plaçons à ce point de vue qui est le leur, et si nous laissons pour un instant de côté la valeur des principes qu'invoquent les différents partis politiques, le but qu'ils poursuivent et les moyens par lesquels ils s'efforcent de l'atteindre, de quel spectacle sommes-nous témoins?

XV.

D'accord au fond sur les questions de doctrine, mais profondément divisés sur quelques points de détail, les royalistes semblent avoir pour principal souci de négliger leur terrain commun pour rendre plus infranchissables encore les barrières qui les séparent. Raideur des attitudes, rancunes invétérées, préjugés choquants, récriminations blessantes, susceptibilités ombrageuses, défiances calculées et soigneusement attisées, tout concourt à y paralyser les efforts les plus généreux. Laissant la confiance et la résolution à ceux qui ne s'appuient que sur les illusions de l'avenir, ce parti, qui a pour lui l'expérience des siècles passés, est dominé par l'hésitation et la timidité. L'indépendance la plus absolue est la règle de conduite adoptée par ses adhérents, impatients de toute direction et de tout frein. L'esprit de corps y est inconnu, l'énergie et le dévouement y sont rares et tempérés. Ils n'y ont au reste d'autre mobile que l'ardeur des convictions, certains qu'ils sont de ne rencontrer aucun de ces encouragements qui rassurent les irrésolutions et préviennent les défaillances.

L'important ici n'est pas d'ailleurs de faire des prosélytes et d'appeler à soi des recrues ; encore moins de barrer le passage à l'ennemi commun : ce n'est pas même l'espoir du triomphe, s'il doit être partagé. Ce qu'il faut empêcher avant tout, c'est le succès de rivaux détestés, et rien n'est épargné pour cela, ni les manœuvres les plus perfides, ni les alliances les plus compromettantes, ni même parfois les trahisons les plus éhontées.

Tout autrement adroite est la stratégie révolutionnaire. Une entente parfaite règne dans ce camp où se coudoient cependant des alliés d'un jour, ennemis hier, ennemis demain, mais étroitement liés aujourd'hui par les nécessités de l'attaque. Chacun sait plus ou moins le but secret où il tend, mais le voisin l'ignore ou feint de l'ignorer, et les ambitions les plus dissemblables se pressent sous la même bannière. Une obscurité salutaire voile la diversité des entreprises ; l'art des réticences, des arrière-pensées, de complaisances morales et des restrictions mentales s'y cultive avec un bonheur extrême, et les mots les plus pompeux et les plus sonores y prennent les interprétations les plus différentes. Les amitiés y sont chaudes et bruyantes ; on y arbore volontiers la devise *tous pour chacun, chacun pour tous*. L'amour de la discipline y est porté jusqu'au fanatisme, le respect des chefs jusqu'au fétichisme ; le mot d'ordre est ponctuellement transmis et servilement suivi, et l'obéissance est passive et immédiate. Le pavois électoral est

toujours prêt à récompenser l'audace et les services rendus, et les transfuges comme les néophytes y sont
accueillis à bras ouverts.

Comment s'étonner dès lors que la foule confiante et
inexpérimentée, dédaigneuse de doctrines dont l'abstrac-
tion la rebute, s'en tienne à la surface et subisse l'influence de ces répulsions d'une part et de ces attractions
de l'autre? Sans doute d'amères désillusions l'attendent,
mais que de désastres ne faudra-t-il pas traverser jusqu'au jour du réveil !

XVI.

Trois groupes principaux composent l'armée révolutionnaire. Possédant à un degré fort inégal la conscience
de leurs actes, ils travaillent tous avec la même ardeur
à la démolition de la société actuelle, mais leurs armes
sont bien différentes.

Les *Radicaux* en forment la fraction la plus décidée
et la plus tapageuse. Continuateurs des traditions jaco-
bines de 1793, ils entourent et défendent le drapeau
de la Révolution. Leur rôle, ouvertement militant
et agressif, consiste dans la glorification incessante
et passionnée des vertus de Danton, de l'austérité de
Marat, de l'incorruptibilité de Robespierre, et dans
l'éloge et la réhabilitation persistante des plus mauvais
souvenirs de notre histoire contemporaine. Ils aiment à

s'affubler de la défroque usée de toutes les émeutes, à chanter les refrains les plus provoquants, à parader au milieu de manifestations aussi désordonnées qu'inutiles. Leur zèle dégénère parfois en indiscipline, et il désespère alors les habiles du parti, dont ils compromettent les manœuvres les plus savamment combinées On comprend du reste que leur action soit secondaire sur le parti de l'ordre, pour lequel ils sont un épouvantail plutôt que des adversaires vraiment dangereux.

XVII.

Bien autrement nombreux et redoutables sont les *Socialistes*, les plus intelligents des ennemis contre lesquels la société doit se défendre. Ceux-ci n'agissent guère au grand jour ; le mystère et l'ombre leur sont chers et dérobent aux profanes les progrès de leur œuvre souterraine. Ils sont les mineurs de la grande armée du désordre, les missionnaires infatigables et discrets de la foi nouvelle. Incessamment occupés à grossir le nombre de leurs malheureux adeptes, ils sont habiles à aigrir les ressentiments, à exaspérer ceux qui souffrent, et à les lancer ainsi, comme une proie fatale, au milieu de ces tueries périodiques qu'infligent aux peuples, comme un premier bienfait, ces régénérateurs de l'humanité.

La forme républicaine n'est pour eux qu'un moyen ;

leur but, c'est la réformation sociale, ou plus nettement la *liquidation*.

Nous avons jugé plus haut ces conceptions insensées, tendant à un aplatissement impitoyable de la nature humaine contre lequel s'insurgeraient les êtres les plus écrasés par l'infortune et la misère. L'*Internationale* est dangereuse aujourd'hui qu'elle fait des victimes au milieu des ténèbres intellectuelles et à travers le prisme de la détresse et du malheur. Combattons-la par l'expansion de la charité, par d'utiles institutions de prévoyance, et surtout par les clartés que répandra l'instruction gratuite, obligatoire et chrétienne ; elle s'évanouira comme un rêve malsain.

XVIII.

Pendant que les Radicaux affirment les purs principes révolutionnaires et que les socialistes enlacent dans les filets de l'*Internationale* les déshérités et les pauvres, les classes riches et éclairées sont en butte à d'autres manœuvres. On s'efforce de les attirer aussi dans les rangs républicains, mais non plus par les mêmes séductions. Le piége est plus dissimulé et l'appât moins grossier. Naturellement il n'est plus ici question de socialisme ni de liquidation, et si l'on parle quelque peu de l'*Internationale*, ce n'est que pour en renier tout bas l'alliance et pour se vanter sans bruit d'en enrayer les entreprises. C'est au nom de la prudence, de la modération et de la sagesse qu'on nous convie à nous asseoir sous la tente républicaine, qu'on a la prétention de transformer bientôt en un solide et durable édifice.

Mais les chefs de cette école récente n'ignorent pas que la République ne possède que des attraits médiocres pour les sages, les modérés et les prudents. Aussi s'empressent-ils de qualifier la République qu'ils offrent à notre acceptation. Ce n'est pas celle que tout le monde connaît, c'est une variété nouvelle et fraîchement éclose; c'est la République *conservatrice.*

Enfin Malherbe vint, et le premier, en France,

. . . .

d'un mot mis en sa place enseigna le pouvoir.

On ne saurait méconnaître assurément la valeur d'une épithète; elle est ici capitale, car c'est une vraie transfiguration. On ne s'attendait guère à voir la République, qui n'est pas autre chose que l'engin de guerre à l'aide duquel les révolutionnaires démolissent par la base tous les principes sociaux, accepter la mission de *conserver* quelque chose. Même à notre époque, où l'on est assez blasé sur de pareils étonnements, cette logomachie est assez réussie pour faire rêver les esprits les plus amis du paradoxe.

Il serait assez intéressant de savoir au juste à quelle limite irait cette faculté *conservatrice* que la République avait jusqu'ici dissimulée avec un plein succès. Mais la question serait sans doute indiscrète. On le sait, nous sommes ici dans une église qui éprouve une aversion caractéristique pour le grand jour et les définitions nettes. Ce serait d'ailleurs trop exiger des auteurs de ce trait de génie, et n'est-il pas plus simple de nous prosterner sans marchander notre admiration ? Nous sommes conservateurs, et à cause de cela nous avons horreur de la République. Or, ils viennent de découvrir tout exprès pour nous une République *conservatrice*. Ce n'est pas plus difficile que cela, et nous aurions vraiment mauvaise grâce à ne pas nous rendre.

XIX.

Mais la raillerie n'a rien à faire ici, car nous ne pouvons pas nous dissimuler la puissance de ce merveilleux adjectif sur les conservateurs dont les rangs en sont tout ébranlés. Personne n'ignore les ingénieux commentaires qui en ont été faits et les belles raisons de convenance et de résignation qui l'accompagnent. L'un des plus pressants de ces arguments est, avec la théorie connue des hommes nécessaires et providentiels, l'obligation d'accepter aveuglément le fait accompli, dont le prestige, si puissant en France, est devenu une prime d'encouragement offerte à toutes les révolutions. Ce n'est cependant pas la première fois qu'on nous tient un pareil langage, et les déconvenues si fréquentes que nous avons déjà subies pourraient nous mettre en garde contre les déceptions peut-être plus graves que nous réserve l'avenir.

Nous entendons encore l'écho des applaudissements qui accueillirent ·l'avénement au pouvoir de l'homme d'État trop fameux dont le passage aux affaires devait être si funeste au souverain qu'il prétendait affermir sur le trône. Tenter de rallier l'opinion démocratique autour de la dynastie des Bonapartes était certes une entreprise moins chimérique et moins folle que s'efforcer de convertir à la République ceux-là mêmes dont la République menace les biens les plus chers. Aussi y eut-il alors comme un concours de dithyrambes pour célébrer l'ère nouvelle qui s'ouvrait pour la France sous l'Empire libéral.

Hélas ! huit mois après, la France était à la merci de M. de Bismark, l'Empire s'écroulait en un jour d'émeute et la Liberté s'incarnait en M. Gambetta !..,

XX.

C'est pourtant par l'inébranlable crédulité des conservateurs qu'a pu grossir cette phalange de conciliateurs effrénés dont les étreintes sont repoussées sans pitié par ceux mêmes qu'ils servent avec un zèle digne d'un meilleur accueil. On sait ce que pensent les radicaux et les socialistes, c'est-à-dire les républicains, de ces tièdes auxiliaires dont les bons offices leur sont cependant si utiles. Pour eux, ces actifs dissolvants du parti monarchique sont des *trompeurs,* des *sycophantes,* des *renégats,* d'*ignobles comédiens,* des *républicains de la onzième heure dont il faut se défier, et qu'il faut, comme faisaient les premiers chrétiens, placer à la porte de l'église, afin qu'ils fassent pénitence.*

Quelle est donc la raison secrète qui provoque, d'une part un dévouement si immodéré, de l'autre de si fiers dédains? Quel est le mobile mystérieux et irrésistible qui précipite les *républicains conservateurs* vers des portes qu'on s'obstine à leur fermer?

Il faut bien le reconnaître, quoiqu'on ne puisse faire un tel aveu qu'en frémissant de colère et d'humiliation, ni la conviction, ni la vérité, ni le bon sens, ni aucune pensée droite et élevée, ni aucun des nobles sentiments qui parlent haut au fond du cœur n'ont la moindre part dans ces conversions d'autant moins sincères qu'on les affiche avec plus d'éclat. Il a fallu au contraire leur imposer silence, les étouffer, piétiner sur son honneur intime, se ravaler ignominieusement en face de sa propre conscience, et donner libre carrière aux deux passions les plus honteuses qui puissent maîtriser des êtres avilis: la peur et l'ambition.

XXI.

L'invasion de la peur comme cause déterminante des actes les plus graves sur le terrain politique n'est pas ancienne en France. Absolument antipathique à notre caractère national, elle fut un des apports de la Révolution dont elle est contemporaine. Elle s'étala sans pudeur sur les bancs de la Convention, témoins de tant de violences, mais de si peu de fermeté. Elle y tenait une tourbe de représentants, muets et blêmes, courbés sous son infâme pression. Les railleries les plus sanglantes, seule vengeance que pût exercer l'opinion publique, glissèrent impuissantes sur ces âmes dégradées et démoralisées, et les *crapauds du Marais* burent leur honte jusqu'à la lie, plus misérables mille fois que les nobles victimes qui surent au moins mourir en affirmant leur foi politique et religieuse.

La chute de cet odieux gouvernement releva le joug de fer qui comprimait si effroyablement les âmes, mais la trace de cette profonde meurtrissure est restée ineffaçable, et la hideuse blessure se rouvre chaque fois que l'horizon politique s'obscurcit. La peur est la compagne inséparable de la Révolution, elle est son agent le plus fidèle et le plus actif; d'autant plus terrible qu'elle est éminemment contagieuse et qu'elle agit dans la solitude et dans l'ombre.

Le monde entier a vu avec stupeur, il n'y a pas encore deux ans, Paris, qui se dit la tête et le cœur de la France, subir pendant deux mois l'autocratie déshonorante de quelques aventuriers, inconnus la veille, qui purent disposer en maîtres de la fortune et de la vie de deux millions d'hommes. On ne prétendra certes pas que l'ascendant de leur génie ou de leurs vertus entrât pour quelque chose dans le pouvoir absolu dont ils usèrent à leur gré. Il ne reposa que sur une seule base : l'influence toute-puissante de la peur.

Aujourd'hui que la fermentation politique a pénétré, par l'action du suffrage universel, jusque dans le village et le hameau le plus reculé, que les partis s'étendent peu à peu et cherchent à enrôler sous leurs drapeaux les individualités même les plus modestes, la Révolution n'a eu garde de négliger cette précieuse faculté d'intimidation que l'on veut bien lui accorder. Partout et toujours, qu'ils soient en majorité ou en petit nombre, ses partisans s'agitent, s'affirment hautement et résolûment, et s'enhardissent de la faiblesse de leurs adversaires dont ils exploitent habilement les invincibles frayeurs.

Mais tout en cédant à cette impression souveraine, les hommes timorés qui ne peuvent s'en affranchir éprouvent encore une sorte de pudeur à avouer leurs craintives préoccupations. Leur orgueil refuse de souscrire à l'avilissante capitulation que leur impose la peur, et leur imagination féconde cherche partout de spécieux prétextes pour colorer une défection dont le vrai motif est inavouable. On accepte donc la République, mais on se donne la vaine et puérile satisfaction de déclarer qu'on ne l'accepte qu'à la condition qu'elle sera *conservatrice*. C'est parfaitement absurde, mais on préfère, aux yeux du public, manquer de logique que de courage.

On sait ce que valent ces accommodements et personne n'est dupe de ces étranges fictions. En vain ces tristes déserteurs cherchent autour d'eux des imitateurs et des adhérents; en vain ils se font eux-mêmes, auprès de ceux qui partagent leur faiblesse, les apôtres de leur foi nouvelle, l'opinion publique ne s'y trompe pas. Odieux à leurs anciens amis, secrètement méprisés par ceux dont ils implorent bassement l'indulgence et dont ils mendient les faveurs, ils deviennent dignes de pitié aux yeux des hommes dont l'âme est fortement trempée, sans distinction de parti politique.

XXII.

La peur n'est pas l'unique cause qui produit un recrutement incessant des forces républicaines au détriment de l'opinion monarchique. Un autre mobile, plus coupable peut-être parce qu'on peut plus aisément s'en défendre, vient encore entraîner dans le courant démocratique ceux dont la fermeté saurait résister aux impressions pusillanimes, et qui succombent devant des séductions d'une autre nature.

Parmi les mauvaises passions qui fermentent au fond du cœur humain, l'une des plus exigeantes est sans contredit l'orgueil. Nous ne parlons pas ici de la noble ambition qui porte à ne pas déroger à l'héritage d'honneur légué par une longue lignée d'aïeux ou à laisser à ses enfants un nom justement estimé, mais du sot orgueil qui excite à éclabousser ses concitoyens de son luxe, de ses titres ou de sa fortune. Par un bizarre contraste, c'est à celui-ci peut-être que l'on fait les sacrifices qui coûtent le plus, pourvu que rien ne trahisse au dehors les souffrances intimes que l'on éprouve. Déchoir dans sa propre estime pour s'élever aux yeux de la foule est un marché qui s'impose trop souvent à certaines consciences peu scrupuleuses.

Plus qu'aucune autre, l'époque où nous vivons est ravagée par l'exaltation de l'égoïsme le plus impitoyable, par l'exagération illimitée du *moi;* c'est un chancre qui ronge et dévore notre pauvre société. Combattu par la morale chrétienne qui le proscrivait à juste titre comme le plus cruel ennemi du perfectionnement social, il s'était affaibli dans les siècles de foi, mais aujourd'hui, après quatre-vingts ans d'efforts laborieux pour éteindre toute notion vraiment civilisatrice, il reste bien peu de traces de ces prescriptions bienfaisantes. La maxime du renoncement est honnie et bafouée comme une erreur fossile, et l'homme s'abandonne sans contrainte au culte de sa propre personne, le plus tyrannique et le plus repoussant de ses instincts pervers.

Il faut donc satisfaire à tout prix cette soif ardente de jouissances et d'honneurs ; il faut *arriver* coûte que coûte, et l'on sait qu'en présence du but à atteindre ce n'est pas la délicatesse qui préside au choix des moyens. On quitte la voie large et droite de la franchise, de la justice et de la probité, et dans ces sentiers escarpés par lesquels on s'élance à la poursuite de l'or et de la renommée, peu importe qu'on laisse à tous les buissons des lambeaux de son honneur.

XXIII.

Flatter le Maître fut, sous toutes les latitudes et en tous temps, une manœuvre familière aux poursuivants de la fortune. Les rois dispensèrent longtemps les faveurs et la richesse, aussi voyaient-ils les courtisans se presser dans leurs antichambres trop étroites. Depuis que le suffrage universel a déplacé le foyer du pouvoir, c'est le peuple qui dispose à son gré de tous ces biens dont la possession allume tant de convoitises. Mais, qu'il habite le palais ou la mansarde, nul souverain n'est insensible à l'adulation, même la plus banale et la plus vile.

L'ambition contemporaine ne l'ignore pas, et c'est vers la multitude qu'elle dirige tout l'encens de ses flatteries. Il n'est pas un préjugé, pas une erreur populaire qu'elle n'ait pris à tâche d'accréditer, d'encourager, de saluer de ses applaudissements. Toutes les passions confuses et inarticulées que la foule éprouve ont rencontré les plus chauds approbateurs dans les êtres rampants qui attendent le salaire de la main qu'ils lèchent. Agitations insensées, haines inexplicables, craintes absurdes, espérances folles, tout a été approuvé, justifié par des thuriféraires infatigables qui n'ont jamais eu un mot pour éclairer et instruire les pauvres égarés dont la crédulité fait le malheur.

On a été plus loin encore, et, comme s'il ne suffisait pas de battre des mains à chaque manifestation capricieuse ou désordonnée du peuple, on a cherché à provoquer ses colères et à irriter ses désirs. Les plus stupides calomnies, les imputations les plus singulières et les plus odieuses ont été jetées en pâture aux malheureux qui travaillent et qui souffrent. Tout a été mis en œuvre pour les ameuter contre les détenteurs des biens dont la possession, due au travail persévérant des bras ou de l'intelligence, à une sage économie, aux services rendus au pays, a été flétrie et stigmatisée comme un vol infâme, et des systèmes sociaux reposant sur la revendication violente de la terre ou du capital ont été hautement produits et minutieusement élaborés.

Les sordides calculs qui ont inspiré les auteurs de ces

sinistres utopies sont trop évidents pour avoir besoin d'être démontrés, et, pour le malheur de l'humanité, leurs indignes prévisions n'ont pas été déjouées. Leurrés par le doux murmure des promesses trompeuses dont on les amorce, les petits et les pauvres, que la misère aveugle, croient naïvement aux belles paroles qu'on leur prodigue, aux rêves dorés dont on les berce. Nous avons vu, nous voyons tous les jours se révéler de ces manifestations de reconnaissance dévoyée, peut-être simples et touchantes dans leur principe, à l'adresse de quelque plat histrion sans cœur ni conscience, dont le seul mérite fut de se faire l'humble valet des idées les plus bizarres et les plus fausses que puissent suggérer le malaise et l'infortune.

XXIV.

On ne saurait toutefois méconnaître que ces flatteurs des pires instincts populaires ne reculent pas devant une dangereuse responsabilité. Les passions qu'ils excitent, terribles dans leurs réactions, se plaisent souvent à briser l'idole qu'elles viennent de placer sur le plus haut piédestal. Ils ont d'ailleurs pris parti, brûlé leurs vaisseaux, et tout espoir de retour chez les hommes d'ordre leur est interdit. Aussi, tout en maudissant ces complaisants intéressés de toutes les folies et de toutes les illusions, leur gardons-nous peut-être encore une sorte d'estime, celle qu'on ne peut refuser à l'audace, même lorsqu'elle se met au service des plus détestables entreprises.

Mais tous ceux qu'éperonnent la peur ou l'ambition n'ont pas cette franche allure. Beaucoup hésitent devant ce travail de démoralisation politique et sociale, œuvre patente, avérée, avouée avec cynisme, accomplie sans souci des résultats dans une visée purement personnelle. Ceux-ci se rattachent généralement par un faible point aux principes conservateurs. S'ils font ordinairement bon marché des croyances religieuses, s'ils sont même assez accommodants sur la sanction civile et surtout chrétienne de la famille, toute leur énergie se concentre dans la sauvegarde de la propriété. Indifférents et sceptiques sur tout le reste, ils ont à cet endroit des convictions inébranlablement arrêtées.

Cependant cette foi si robuste n'est pas suffisamment éclairée pour les mettre à l'abri de la contagion révolutionnaire qu'un intérêt pressant leur commande d'ailleurs d'affronter. Leur profit et leurs opinions les amènent sur un terrain qu'ils prétendent neutre et à égale distance des deux camps, mais qui au fond relève exclusivement de la Révolution. Ils cherchent à nous y entraîner, en nous engageant à fermer les yeux sur les périls évidents qui nous y attendent : ils sont les précurseurs, les pionniers inconscients du socialisme.

Le système éhonté de flatteries populaires dont nous parlions plus haut s'exerce ici avec une impudeur d'autant plus révoltante qu'il s'y joint une flagrante duplicité. On sait quels ménagements infinis ces prétendus conservateurs ont pour les excès et les infamies du socialisme et du radicalisme. L'adresse prime chez eux la franchise, et leur suprême souci est d'esquiver avec un soin méticuleux les explications nettes et loyales.

Ces Janus électoraux n'ont que des sourires sur leur double face, mais ces sourires sont menteurs, car ils renient les républicains dont ils sont les meilleurs recruteurs, et ils trahissent les conservateurs qu'ils se targuent de défendre et de protéger. Malheureusement le suffrage universel, encore bien jeune et bien candide, est sans défiance et sans rigueur vis-à-vis de ces habiles qui devraient ne récolter que le mépris public, et son indulgence à l'égard de ces chauves-souris politiques, qui commencent à foisonner dans nos corps électifs, est une bien lourde faute.

On excuse trop ces manœuvriers, on est trop facile pour ces chevaliers de l'équivoque et du malentendu, à la bannière mixte et à la visière baissée. Il en résulte une situation obscure et dangereuse, semée de chaussetrapes, entre lesquelles nous restons immobiles de peur de nous enterrer. Les socialistes, impatients de lever l'ancre vers leurs rivages inconnus, appellent les radicaux. Ceux-ci sollicitent les républicains modérés, les-

quels pressent les royalistes d'aller à eux ; et nous restons tous en place, le pied levé, sous l'action de forces
contraires. Pendant ce temps la vitalité de la nation,
déjà bien compromise, finit de s'épuiser. Nous usons en
efforts de résistance dix fois plus d'énergie qu'il n'en
faudrait pour imprimer aux affaires publiques une direction sage et normale. M. Thiers est Dieu, c'est vrai,
et les conservateurs en sont tout rassurés, mais M. Gambetta prétend être son prophète, ce qui rend les républicains haletants d'espérance. Nos ruines matérielles
et morales et, disons-le aussi, le renom de la France
ne se relèvent pas plus que le cours du trois pour cent.
La confiance générale est profondément altérée, le dé-
couragement gagne les tempéraments les plus solides.
Notre vie politique ne repose plus que sur les expédients
les plus incertains et les plus éphémères ; notre exis-
tence sociale elle-même est en péril. Nos journées sont
troublées et anxieuses, nos lendemains obscurs et mena-
çants. Nous nous embarrassons de plus en plus dans
un *statu quo* inextricable et désespérant, et pendant
qu'on discute fiévreusement l'opportunité de la dissolu-
tion de l'Assemblée nationale, la France va se dissol-
vant elle-même, sans qu'aucune puissance humaine
vienne arrêter cet effroyable travail de désorganisation.
Nous nous agitons au hasard, dans le vide, dans la
confusion, défaisant chaque jour l'œuvre de la veille,
n'osant pas prendre un parti viril, et déguisant notre
inconcevable inertie sous le prétexte d'*essai* plus ou

moins loyal d'un système bâtard plein d'impossibilités. Ce n'est pas une solution, ce n'en est pas même l'ombre ; ce n'est pas autre chose qu'une halte sans terme et sans espoir.

XXV.

Si l'on n'était pas fait aux habiletés tortueuses qui résument la situation, l'épreuve d'une République *conservatrice* paraîtrait bien singulière. Les républicains y sont d'ailleurs fort désintéressés. Que leur importe en effet une République où l'on ne pourrait ni se réunir, ni banqueter, ni chanter, ni manifester, ni bousculer un peu les citoyens paisibles, ni huer et assommer de temps en temps le prêtre et le soldat? Si la République ne donne pas satisfaction à ce programme, si elle se fait la protectrice de la religion, de la famille et de la propriété, si surtout — ironie amère ! — elle sèvre les républicains, infortunés Tantales, de ce plantureux festin du pouvoir qu'ils ont à peine effleuré, elle n'est pas la République. Les mots ont leur acception précise et arrêtée qu'il n'est pas permis de changer sous peine de faire violence à toutes les idées reçues et de tomber dans une intolérable confusion. La langue ne s'insurge pas moins que la raison contre de semblables tentatives. Nous entendons tous que l'albâtre n'est pas noir, ni l'ébène blanc, ni la glace brûlante, ni le feu glacial, ni la République *conservatrice ;*sinon qu'on nous ramène à la tour de Babel.

Et puis, dût-elle être *conservatrice,* pourquoi donc les royalistes iraient-ils à la République? Serait-ce parce que ce mode de gouvernement, qui leur est répulsif, est cher à ceux qui rêvent le bouleversement? On s'abuse étrangement si on s'imagine les apaiser par cette concession nominale et dérisoire ; il serait temps de chasser ce rêve enfantin. Nous savons par expérience combien leur esprit est pratique et leur logique rigoureuse ; ils ne se payent pas de mots, et ce n'est pas l'étiquette qu'ils veulent, c'est la chose. S'ils acclament la République, c'est apparemment qu'elle sert leurs projets. Elle est donc défavorable aux nôtres, et il est d'une tactique déplorable de laisser choisir à ses adversaires le terrain sur lequel doit se livrer la bataille.

XXVI.

La France est essentiellement monarchique ; quatorze siècles l'ont ainsi façonnée, et l'on pourrait plus aisément raser ses montagnes et combler ses vallées qu'effacer cette empreinte ineffaçable. Machiavel avait remarqué notre humilité, notre soumission et notre vénération pour nos souverains. Quatre siècles n'ont rien changé à nos habitudes sur ce point ; en France on oublie peu et on n'apprend guère, M. Thiers le sait mieux que personne. Nos vertus et nos vices sont monarchiques, et s'il était possible de descendre au fond des consciences françaises réputées les plus démocratiques, on les trouverait troublées par toutes sortes d'aspirations vagues, de désirs confus, de vœux inavoués dont elles poursuivent la réalisation chimérique par les voies les plus autoritaires et les plus dictatoriales, mais on n'y rencontrerait pas un atome de république ou de démocratie.

La République, en France, ne donnera donc qu'espérances vaines, agitations stériles et misère profonde, parce que la République conservatrice n'est qu'un mythe dont l'expression réelle est le radicalisme ; celui-ci n'a de raison d'être que par l'espoir d'accomplir une rénovation complète et absolue des conditions sociales ; et le socialisme, révolte et protestation de l'homme contre tous ses devoirs, a pour destinée de disparaître devant la réprobation des infortunés qui essayeraient d'appliquer cette monstrueuse conception.

La France, si elle doit être sauvée, reviendra tôt ou tard à la Monarchie par une pente invincible, comme un fleuve descend à la mer. Bien plus, il ne sera donné qu'à la Monarchie d'étancher, dans les limites possibles, pratiques et légitimes, la soif de réformes qui tourmente notre époque. Mais notre cher et malheureux pays n'ouvrira sans doute les yeux à la raison et à la sagesse qu'après avoir épuisé la trop longue série de désenchantements que depuis quatre-vingts ans il s'obstine à s'infliger à lui-même.

Est-il donc raisonnable d'ajouter de nouveaux nuages à ceux qui voilent notre horizon, d'épaissir encore la nuit qui nous environne et nous égare? Est-il opportun de nous attarder le long du chemin, à la recherche de visions insaisissables qui fuient sans cesse devant nous et fatiguent notre poursuite insensée? Est-il patriotique de repousser désespérément le seul point d'appui sur lequel nous puissions fonder un état social qui nous donne enfin le calme et une durable sécurité?

XXVII.

On objecte, il est vrai, qu'en présence du fractionnement du grand parti royaliste, il est impossible de songer actuellement à un établissement monarchique, et cette objection est sérieuse, car cette division est aussi réelle que regrettable. Elle a pour principale cause des sentiments de fidélité persistante dont le caractère honorable excuse l'opiniâtreté et désarme le blâme, et ces dissidences sont graves, car elles se résument en des questions de personnalités, les plus irritantes de toutes. Mais sont-elles insolubles? Il serait téméraire de l'affirmer, et si le passé ne nous laisse à cet égard que des

regrets, pourquoi renoncer aux espérances de l'avenir?
La Révolution a dépensé quarante ans de patience,
d'adresse et de laborieux efforts pour jeter le parti monarchique dans l'état de désunion qui l'annule aujour-
d'hui : ne saurons-nous pas être assez persévérants pour
attendre avec confiance le jour peut-être prochain de sa
reconstitution ? Des hommes éclairés et convaincus travaillent sans relâche à ce retour à l'unité qui est notre
suprême espérance. Qui sait même s'il ne nous sera
pas imposé par une immense acclamation du peuple
lassé de servir de jouet aux exploiteurs et aux intri-
gants ?

On conviendra d'ailleurs que le remède qu'on nous
propose est bien étrange. Si les monarchistes n'ont
pu jusqu'à ce jour s'entendre sur tous les points de leur
programme, ils ont au moins des principes qu'ils défendent ensemble, ils se réunissent sous une même dénomi-
nation. Est-il sage de les inviter à délaisser ce terrain
commun pour passer à l'ennemi et se perdre au milieu
d'un chaos d'opinions confuses dont les plus modérées
sont un outrage à tout ce qu'ils estiment? Quel profit
trouveraient-ils à se séparer de ceux auxquels les rattachent tant de liens pour aller former, au milieu des
révolutionnaires, des idéologues, des esprits abêtis par
la peur ou par l'ambition, une minorité impuissante et
méprisée ? La défense de leurs intérêts sera-t-elle mieux
assurée lorsqu'ils auront mis le comble au morcellement
qui leur est si fatal ? Les chances de salut des conser-

vateurs seront-elles plus grandes lorsqu'ils se seront réduits au dernier degré de discorde?...

Et le prix qu'on offre à ce sacrifice est l'attente fantastique de concilier à la cause de l'ordre ceux qui s'en sont proclamés eux-mêmes, avec une hautaine emphase, les adversaires irréconciliables!

Une autre tâche, plus intelligente et plus élevée, s'impose aux hommes d'élite qui, grâce à Dieu! sont encore nombreux en France. S'il n'est que trop vrai qu'il existe de fâcheuses scissions parmi les monarchistes, leur devoir est, non de les exagérer, de s'en décourager et de déserter leur drapeau, mais d'effacer les dissentiments, de dissiper les malentendus, de signaler l'abus des mots d'où naît le désordre dans les idées, et de préparer l'œuvre si française de la réconciliation. En attendant cette heure qui est dans les secrets de Dieu, ils doivent, en face de l'erreur décevante, affirmer hautement, de leur parole et de leurs actes, les croyances qui réhabilitent et qui sauvent les nations, et défendre, au milieu de leurs concitoyens égarés, les prérogatives de la saine raison et de la vraie sagesse. Toujours prêts à souscrire à la trêve des partis, ils doivent patriotiquement refuser l'autorité de leur adhésion à ces *essais* empiriques, illogiques et toujours funestes, condamnés par l'expérience et voués à un échec misérable. C'est assurément un rôle ingrat et difficile au milieu de l'esprit de vertige qui nous inonde et nous emporte, mais vienne le jour de la revanche du bon sens national, ils auront le droit de dire au peuple désabusé :

Tu ne nous as jamais vus dans les rangs de tes flatteurs. Impassibles en présence de tes injustes colères, nous n'avons pas fléchi devant les séductions de tes faveurs. Nous t'avons toujours parlé le sévère langage de la sincérité, de l'éternelle vérité, de l'inflexible justice.

FIN.

Imprimerie Eugène HEUTTE et Cᵉ, à Saint-Germain en Laye.